ÉLOGE DE BERRYER

DISCOURS PRONONCÉ A LA RENTRÉE SOLENNELLE

DES

CONFÉRENCES DU STAGE

LE 13 DÉCEMBRE 1874

PAR

B. LAZEU de PEYRALADE

TOULOUSE
TYPOGRAPHIE DE J.-M. BAYLAC
1, RUE DU MAY, 1

1874

BERRYER

Discours prononcé à la rentrée solennelle des Conférences du Stage

Le 13 Décembre 1874

Monsieur le Batonnier,

Messieurs,

Berryer venait de naître lorsque mourut Mirabeau, cette éclatante personnification de la seule période glorieuse de la Révolution française. L'œuvre de 89 était-elle l'œuvre même de cette Providence qui veille sur les peuples et ne laisse point leurs droits sans défenseur? On le croirait en voyant Berryer s'élever et grandir pour le même combat à la place où était tombé Mirabeau. Entre ces deux athlètes illustres, on a souvent essayé d'ingénieux parallèles, comme si tous les auteurs du même bienfait, tous les privilégiés du génie ne méritaient pas une reconnaissance égale, une égale admiration. Que l'on mesure la hauteur des plus inaccessibles montagnes, que l'on connaisse celle qui porte le plus haut dans la nue son front de granit, mais que l'on ne cherche pas à toiser ainsi les grands hommes pour savoir quel est le plus grand. Contentez-vous de comparer entre eux les rhéteurs dont les harangues sont le fruit du travail, sans essayer de peser dans vos balances littéraires ce qu'il y a de génie dans ce mouvement, dans cette pensée, dans ce cri qu'un seul mot fait sortir de l'âme de l'orateur avec la véhémence et l'incomparable éclat de l'inspiration. Du jour de hier ou de celui qui brille qu'importe quel est le plus éclatant! c'est assez qu'il nous éclaire et qu'à sa clarté nous puissions accomplir la part de labeur qu'il amène avec lui. Les analyseurs, les critiques, ceux « qui mettent un scalpel dans un couteau de bois », ne parviendront jamais à nous expliquer le mystère des vastes intelligences ni à faire revivre devant nous les grands orateurs. Ils furent grands en proportion des événements et des passions auxquels ils furent mêlés.

L'imminence des périls sociaux, la lutte des principes, l'opposition ardente, déclarée des intérêts et des opinions révèlent les hommes supérieurs par la parole, comme d'autres périls révèlent sur les champs de bataille les capitaines voués à la victoire. Faites naître les plus illustres orateurs dans un pays privé de libertés, aux périodes profondément calmes de l'histoire d'un peuple, et jamais ne retentiront à vos oreilles ces sublimes accents dont les siècles n'affaiblissent pas l'écho, et que nous, Messieurs, nous écoutions naguère avant que la mort enlevât au barreau français son modèle et sa gloire. C'est à l'heure des héroïques efforts et des suprêmes sacrifices que des rangs de la nation sort une voix inspirée : celle de Démosthène qui adjure ses concitoyens de sauver l'indépendance de la Grèce; celle de Cicéron qui retentit dans le silence de Rome épouvantée pour lui dire que Catilina est à ses portes; celle de Mirabeau qui ébranle les fondements de l'ancien monde et indique les bases du nouveau; enfin, celle de Berryer qui rappelle aux Français qu'au-dessus de la force il y a le droit; au-dessus des partis, l'amour, la gloire et la liberté de la France. Si vous me demandez de ces hommes quel fut le plus illustre, comme le libérateur antique, je répondrai : Je jure que chacun d'eux a essayé de sauver son pays et lui a légué un grand exemple et une grande gloire de plus.

Si j'ai parlé de Mirabeau, c'est qu'entre Berryer et cet immortel agitateur, il existe un lien intime, celui de la filiation intellectuelle.

Nature de soldat par son ardeur dans l'attaque, son inébranlable fermeté dans la lutte, sa résignation dans les épreuves, la franchise de sa parole et de ses actes, Berryer au sortir du collége se laissait séduire par l'éphémère éclat de l'épopée napoléonienne. Dans chaque citoyen, l'enthousiasme de la gloire alors récoltée par nos armes sous les murs de toutes les capitales, faisait oublier les conquêtes sanglantes aussi mais plus durables de la liberté. C'étaient de grandes choses que l'empire de Charlemagne reconstitué par un autre César, la France pacifiée à l'intérieur, dotée de lois et libre enfin d'agenouiller sa foi aux pieds des autels relevés et purifiés. Oui, c'étaient de grandes choses, et le grand cœur de Berryer pouvait bien se laisser entraîner par ce splendide et rapide mirage. Destiné, lui aussi, à la gloire dont il nourrissait, à l'exemple de tous les hommes supérieurs, la noble et profonde ambition, il ne faisait que se tromper de route. L'erreur fut courte, elle ne dura que jusqu'au moment où le père de Berryer, avocat distingué du barreau de Paris, mit entre les mains de son fils les procès-verbaux des séances de la Constituante, auxquels un ami de la famille, M. Bonnemans, qui avait été membre de cette Assemblée, était chargé d'ajouter les commentaires. Une illumination soudaine se fit alors dans l'esprit de ce jeune homme, à la lecture des grands orateurs qu'il devait égaler un jour. Batailles glorieuses, provinces conquises, royaumes distribués aux généraux triomphants, trônes brisés d'un seul coup, tout cela ne parut plus à Berryer que le résultat de la violence, de l'ambition insatiable d'un génie merveilleux mais fatal.

Pour nous, Messieurs, qui jugeons à soixante ans de distance, l'écho des apothéoses nous arrive mêlé à celui des imprécations; l'histoire nous a dit ce qui est resté de toutes ces audaces et de toutes ces splendeurs. Comment l'ivresse nous saisirait-elle, la coupe est brisée depuis si longtemps? Mais à l'heure où le colosse était debout, personne n'en soupçonnait les pieds d'argile, personne n'était assez en possession de soi-même pour deviner et affirmer la faiblesse de ce qui semblait si au-dessus de tous les efforts. Reportez-vous au temps et vous verrez ce qu'il fallait de profondeur, d'inspiration pour se désabuser ainsi; au milieu d'une nation qui croyait en l'empereur comme l'empereur croyait en lui-même, pour dire : « Je ne crois pas. »

Berryer né sous le despotisme populaire, grandi sous l'absolutisme impérial, fut pénétré du souffle des hommes de 89. Il avait aperçu à travers leurs paroles, la divinité inconnue qui les avait inspirées; il lui voua sa vie, sa force, et la liberté en se révélant enfanta un grand orateur.

La France et la Liberté, messieurs, telles furent les deux clientes de Berryer et c'est en combattant pour elles, au barreau d'abord et plus tard à la tribune, qu'il acquit cette impérissable et pure renommée devant laquelle nous nous découvrons avec vénération. Cherchez dans ces cinquante années de triomphes non pas un discours mais un mot, un seul mot dans lequel ne respire pas ce double culte de la France et de la Liberté; vous ne le trouverez pas. Berryer était fidèle à ses dieux.

Vous savez à quelles traditions il confiait la garde de la liberté restaurée et de la paix rétablie. Si excitées, si injustes soient-elles, toutes les opinions s'inclinent devant cette fidélité chevaleresque à la plus auguste et à la plus iniquement proscrite des races royales.

Il est curieux d'entendre Berryer lui-même raconter la genèse de sa foi politique, à laquelle se rattachent ses débuts au Palais. Elle n'était pas un héritage dans sa famille demeurée étrangère aux luttes politiques. Il la dût tout entière aux spectacles agités de son adolescence, à travers lesquels il cherchait déjà, sans le trouver, un principe générateur et protecteur à la fois du pouvoir établi. L'empire reposait sur l'inconstante fortune des batailles et sur le génie d'un guerrier aussi conquérant qu'Alexandre, mais dont les conquêtes devaient avoir le même sort, par la même impossibilité de remplacer un grand homme par un autre grand homme. La république n'était demeurée debout que par la Terreur, et avait prouvé par l'incapacité et la faiblesse des derniers jours, que la violence seule pouvait lui assurer quelque durée. A ces gouvernements d'un jour et d'un jour de deuil, Berryer comparait la longue succession de nos rois, ajoutant chacun une province nouvelle à la couronne, défendant les intérêts et la liberté française contre l'absolutisme féodal qu'on accusait à tort la royauté de renouveler.

Tout d'un coup éclata la conspiration du général Mallet, qui fut pour Berryer la confirmation frappante de ses aspirations et de ses craintes. « On ne se fait pas idée, répétait-il souvent, de ce que fut cette conspiration. Les hauts dignitaires de la police mis à la Force, le conseil municipal préparant la séance du gouvernement provisoire à la nouvelle de la mort de l'empereur ; toute cette puissance qui couvrait le monde, qui faisait trembler les rois, disparaissant en un instant de dessus terre, comme une tente qu'on vient de replier. Pas un mot de l'héritier du trône ; l'empire tombant au seul bruit que l'empereur est mort : ce sont là des événements qui font plus pour mûrir une intelligence, que tous les livres et que vingt années. »

L'ordre se rétablit, les conspirateurs furent arrêtés, et c'est pour l'un d'eux que Berryer, à 22 ans, prononça devant le conseil de guerre ce qu'il appelle son premier essai de plaidoirie.

La foi politique de Berryer, dont la dernière et émouvante expression est la lettre écrite du lit de mort à celui qu'il nommait son roi, fut donc la conséquence de son horreur de toutes les tyrannies, puisée dans Mirabeau et le résultat des recherches historiques d'un puissant esprit tenant compte des principes plus que des faits. Aussi, à la tête d'un grand parti, Berryer ne combattait-il pas pour les fruits de la victoire, ou par entêtement, ou par haine aveugle; à l'exemple des hommes profondément pénétrés de l'idée qu'ils servent, qui dédaignent les brigues, les rivalités, les ambitions, il se maintenait plus haut que les partis ne voulant le succès de sa cause que pour le bien de son pays. Il l'eut abandonnée s'il eut pensé que d'autres institutions pouvaient donner à sa France bien-aimée plus de prestige ou plus de liberté.

Quand l'empire se fut écroulé bien plus par la lassitude du peuple épuisé et sa prévision de nouvelles et terribles aventures que par l'invasion des armées coalisées; quand le pays fut revenu à la monarchie traditionnelle qui lui avait légué la force de survivre aux défaites comme aux victoires de la veille, Berryer se trouva en présence de ses anciens adversaires impuissants et humiliés. Bien loin de suivre l'esprit de réaction qui s'emporta à de véritables excès, le grand avocat s'opposa de toute la vigueur de son talent aux représailles judiciaires.

Tel nous le voyons en ce temps, tel nous le retrouverons dans la suite. Inébranlable et fier au milieu de toutes les victimes, de tous les proscrits qu'il couvre majestueusement de la protection de son éloquence, il semble dire aux puissants de la terre que pour les opprimés il y aura toujours un inviolable droit d'asile dans le génie et la vertu d'un grand citoyen.

Tant de courage devait le compromettre aux yeux des ardents de son parti qui abusaient de la victoire sans comprendre la nécessité de conserver pur le principe victorieux, et l'on cria bien souvent aussi par les rues la grande trahison de l'avocat Berryer. A ces injurieuses défiances, il répondit par le dédain en montrant Debelle, Cambronne, Canuel, Donadieu acquittés par leurs juges. Louis XVIII, qui n'était pas le plus fougueux des royalistes et qui voulait l'indestructible alliance de la liberté et de la monarchie, soutint toujours dans Berryer un illustre et influent coreligionnaire qu'il estimait trop pour entreprendre de le fixer par des faveurs.

Sous le règne de ce prince, la popularité du talent consacré aux causes généreuses, avait grandi autour du nom de Berryer à chaque nouvelle plaidoirie. La nation, qui depuis la mort de Louis XVIII s'était substituée à la royauté dans l'initiative et la direction du mouvement libéral, avait besoin d'orateurs capables de protéger les principes de 89, pour lesquels les tendances du pouvoir lui faisaient craindre d'avoir inutilement lutté et souffert.

Berryer avait à peine l'âge légal lorsque les électeurs de la Haute-Loire lui confièrent la défense de leurs droits, qu'il venait de définir éloquemment dans sa profession de foi. Le nouveau député arrivait trop tard dans cette dernière Chambre de la Restauration, pour éclairer sur ses fautes un régime qui sombrait. Lorsque Charles X, sourd aux voix suppliantes de Châteaubriand et de Berryer comprit enfin, au milieu de la sédition populaire, que l'intérêt et la justice lui commandaient de poursuivre le but désigné par son prédécesseur, l'heure du salut était passée, l'exil reprenait pour toujours celui qu'il avait gardé si longtemps.

Berryer fut renvoyé par plusieurs colléges à la Chambre convoquée par la nouvelle monarchie. Son premier acte fut de s'élever au nom de ses principes contre la mise en jugement des derniers ministres de Charles X. Dans l'admirable discours qu'il prononça à cette occasion, il discuta avec une superbe audace, l'origine de ce pouvoir qui n'avait pour lui ni le droit de l'hérédité, ni la consécration du suffrage populaire. Il ne plaidait pas pour les ordonnances qu'il condamnait, ni pour les vues de leurs signataires qui n'étaient pas les siennes. Il ne quittait pas la sphère des principes et revêtait son argumentation des mille couleurs de la plus riche palette. La colère, le mépris éclatant dans cette continuelle apostrophe : *Qui êtes vous ?..* L'ironique raison de la réponse, ce *rien* qu'il établissait en fait et en droit, rendaient muets le ministère qui cherchait la popularité et la majorité qui suivait aveuglément la route tracée de l'approbation. Polignac et ses collègues ne pouvaient être sauvés, mais la monarchie de juillet venaient de recevoir un premier et terrible coup.

La méthode employée par Berryer dans ce discours est celle des grands orateurs. Nous la retrouvons appliquée aux mêmes adversaires dans un plaidoyer justement célèbre.

A l'époque où le prince, qui avait essayé de se faire élever sur le pavois à Strasbourg et à Boulogne, dut répondre devant la cour des pairs de cette dernière tentative, Berryer qui avait accepté de le défendre fut naturellement amené à discuter le pouvoir pour décliner sa compétence. Logiquement, les prétentions de l'héritier impérial valent bien celles du duc d'Orléans en 1830; l'un seulement demande à la force ce que l'autre a obtenu de la ruse. La noble Assemblée, dominée par ce tribun, écoute sans protester. Alors puisant une hardiesse nouvelle dans leur silence, il foudroie ses juges de cette véhémente apostrophe : « Jurez que vous ne l'eussiez pas servi triomphant et vous aurez le droit de le juger malheureux. »

Durant cette période de dix-sept années, toutes les grandes causes trouvèrent dans Berryer l'avocat dont elles étaient dignes. Certes, avec cette bourgeoisie frivole et frondeuse, il avait beau jeu chaque fois qu'une liberté était confisquée au bénéfice du nouveau régime. La branche aînée rejetée le jour où elle attaqua la Charte était remplacée par la branche cadette qui la respectait bien moins encore. Berryer propageait toutes ces vérités. De plus, en défendant devant les tribunaux la liberté de l'enseignement et des cultes, le droit d'association, Berryer ne se contentait pas de jeter lesarcasme aux auteurs de l'ordre de choses actuel, il essayait de démontrer en même temps ce que peut un principe, sa nécessité absolue pour asseoir un gouvernement. Celui à qui s'adressaient ces paroles, privé de cette base avait recours à tous les expédients pour se défendre et pour vivre.

Je n'ai pas à vous rappeler quel but poursuivait le ministère en présentant la loi de disjonction, ni « quelle violation du droit commun il voulait introduire pour se protéger. » La loi tutélaire des citoyens transformée en arme de guerre, que dis-je? en arme de vengeance, voilà ce que l'on eut vu si Berryer n'eut opposé aux empiétements du pouvoir la barrière de son courage et de son génie oratoire ! Les centres firent entendre quelques ricanements au moment où l'orateur, au début de son discours, protestait de son amour du pays et de son respect des lois ; se tournant alors vers les interrupteurs il leur décoche ce trait : « Je me permettrai de dire que ceux qui n'ont pas ces sentiments dans le cœur peuvent seuls douter qu'ils soientdans le mien. »

Les centres se taisent,cachent leur rougeur et c'est au milieu d'un religieux silence que retentissent ces magnifiques accents : « Quoi ! en même temps dans la même ville, deux portes se seraient ouvertes. Ici, la marche funèbre des condamnés à mort; là, l'ovation des accusés et de leurs juges! Et vous auriez tenté de faire passer le convoi à travers les joies des triomphateurs de la justice ! Voilà ce que votre loi aurait produit. » A cette saisissante peinture, l'assemblée entière et les tribunes éclatent en applaudissements. La loi fut repoussée.

Dans cette victoire de la parole, il y a autre chose qu'un souvenir glorieux, il y a un grand exemple, celui de l'attachement au droit national. Honneur, Messieurs, à celui dont nous l'avons reueilli, à cette noble mémoire, à cette tombe près de laquelle veillent en pleurant la Vierge de la justice et le Génie de la liberté !

Au sein de ce Parlement, où la possession des portefeuilles élevait de perpétuels tumultes, où rien n'était grand, où rien de grand ne se fit, où la vulgarité même des ambitions rendait les groupes plus opiniâtres et plus unis, un homme soutenait sans reculer, sans faiblir, les attaques, les assauts de tous, et tous il les pliait sous les coups de sa merveilleuse éloquence.

On oublie vite en France et seul, entre tous, Berryer n'avait pas oublié les princes déchus. Les partisans du gouvernement de Juillet avaient pour ces fidèles du souvenir la haine naturelle du spoliateur pour le spolié et, impuissants à se réclamer d'un autre principe que d'une prétendue nécessité, ils montraient un véritable acharnement contre les amis de Berryer, qui pouvaient proclamer bien haut le *parce que* de leur foi politique. Ce n'était pas du côté gauche de la Chambre que partaient les interruptions injurieuses. Entre hommes de principes, la discussion est possible.

Souvent une phrase, un mot soulevait des tempêtes de cris parmi ceux qui se dédommageaient par le bruit d'un silence obligatoire. Berryer cherchait, dans le vacarme, à saisir une parole et, quand il y parvenait, il la faisait retomber lourdement sur celui qui l'avait imprudemment proférée. La colère de ses ennemis témoignait de la justesse des coups qu'il lançait. Si personne n'eût, à un pareil degré, la promptitude et la vigueur de la repartie, personne non plus ne sut mieux saisir le côté faible d'une thèse, ni faire passer ses arguments avec plus d'habileté au travers de la dialectique d'autrui.

Quant à la persécution, le partage habituel de ceux qui montrent trop bien leurs égarements aux maîtres du jour, elle ne lui fut pas épargnée, et c'est un honneur de plus. De pareils hommes sont une puissance dans l'Etat et lorsqu'un régime peu scrupuleux cherche à s'en débarrasser, il ne lui est pas impossible de trouver des agents là où il ne devrait y avoir que des gardiens jaloux de la loi.

Dans le courant du mois de mai 1831, au moment où Mme la duchesse de Berry crut pouvoir revendiquer les armes à la main les droits violés de son fils, Berryer comprit qu'il fallait tout attendre de l'avenir et rien du présent surtout par la guerre civile. Il partit de Paris pénétré de cette pensée pour aller porter à la princesse, les respectueux conseils de ses amis. Arrêté à Angoulême, à la suite d'un faux rapport qu'il qualifie dans le procès de monstruosité judiciaire, Berryer fut traduit devant la cour d'assises de Loir-et-Cher. Là, malgré son formel refus d'avouer qu'il s'était rendu auprès de Mme la duchesse de Berry pour la détourner de ses projets, l'avocat général Vilnot fidèle à sa conscience et à ses devoirs de magistrat, déclara aux applaudissements unanimes de l'auditoire ne pas pouvoir soutenir l'accusation.

A peine rendu à la liberté, l'illustre acquitté fut en butte aux colères et aux dépits mal dissimulés de ceux qui comptaient étouffer sa voix. Elle venait de se faire entendre passionnée, implacable devant les tribunaux dans la défense de Chateaubriand poursuivi pour la brochure où il racontait le voyage de Mme la duchesse de Berry. On eût alors le triste spectacle d'un député venant souiller la tribune française en y remplissant le rôle d'accusateur public qu'un homme de cœur avait repoussé! Oui, messieurs, il y eut un député qui demanda au Palais-Bourbon la tête de Berryer. Calme devant cette attaque sans nom, qu'il devait voir se reproduire le jour où je ne sais quels rédacteurs d'officielles louanges essayèrent de le *flétrir*, Berryer prit la parole. Il fut si superbe d'éloquence et de mépris, que le successeur tricolore de Foulquier-Tinville revint à son banc écrasé sous le poids d'une sanglante réplique, abandonné de tous ceux qui l'avaient poussé à ces inconvenantes hostilités.

Tels furent, messieurs, les points les plus saillants de la carrière oratoire de Berryer sous le gouvernement de Juillet. J'aurais pu ne le suivre qu'au barreau, j'ai cru que je pouvais vous le montrer à la tribune où il ne parla que pour la défense de nos lois et la dignité de la France dans le monde. Berryer avocat est inséparable de Berryer député. Ses discours ne sont, en quelque sorte, que le résumé de ses plaidoyers.

Vous ne m'accuserez pas, je l'espère, d'avoir trop insisté sur cette période. Vous vous rappelez que nous sommes à la veille d'un régime où on n'a ni place ni droit de parler.

Fondée sur l'appui d'une certaine bourgeoisie qui demandait la protection de ses intérêts, sans se montrer à l'égard de ses élus une auxiliaire ferme et fidèle, la monarchie de Juillet disparut à son tour pour faire place à la république.

Sous le gouvernement provisoire et sous la dictature du général Cavaignac, Berryer se borna à appuyer les mesures conservatrices.

Son attitude devint plus aggressive quand son ancien client fut presque parvenu par le vote populaire au trône manqué autrefois. Berryer comprenait bien, et sans pouvoir l'empêcher, que la main qui ramasserait le sceptre tombé ne serait pas celle d'un fils de saint Louis, et que de cette terre de France la liberté serait bannie comme les rois.

Au deux décembre, réfugié à la mairie du Xe arrondissement avec les débris de la représentation nationale, il rédigea et signa le premier le décret de déchéance.

Un quart de siècle est passé sur cette date; l'auteur du coup d'Etat est mort en exil; la liberté en est revenue; les complices ont perdu le pouvoir, et, pourtant, messieurs, qui de nous peut se défendre d'une profonde et patriotique douleur à ces funestes souvenirs? Qui de nous ne s'indigne pas à la vue de notre illustre et vénérable Berryer, suivant entre deux policiers le chemin de Mazas à travers ces mêmes rues où passait le cadavre sanglant de Baudin ! Tous deux avaient défendu la loi, la liberté, l'honneur de la France ; et l'obole du légitimiste contribua plus tard à élever le marbre expiatoire du républicain.

L'attentat avait réussi : le grand et terrible silence du despotisme s'établit aussitôt. C'était cette voix surtout que redoutait le maître. Retentissant au milieu de la patrie enchaînée, elle eut pu armer la vengeance, les colères et les regrets qui se taisaient ; elle aurait répété les protestations des dépouillés, les malédictions des morts ; elle eût ébranlé le trône impérial. Elle l'ébranla plus tard quand on crut que quinze ans avaient fait oublier au peuple la liberté proscrite.

Berryer fut en présence de ce pouvoir, le plus éloquent censeur de ses fautes, le plus véridique prophète des jours de deuil qu'il ne devait pas voir, car la Providence épargne certains spectacles à d'aussi nobles âmes.

Priant Dieu pour la France, dont il fut une des plus pures gloires, pour son roi dont il fut l'avocat et l'ami, Berryer descendit saintement dans la tombe deux ans avant les victimes de nos derniers malheurs.

Le barreau, la France entière, comprirent le vide immense laissé par celui qui s'en allait. Aussi, messieurs, la France entière était-elle représentée dans le modeste cimetière d'Augerville. Ce n'était pas seulement la France, mais l'Angleterre qui, par l'organe d'un de ses plus brillants avocats, venait payer son tribut de respect et d'admiration.

Derrière ce cercueil dont les noires draperies portaient cette simple devise qui est aussi le résumé de la vie de Berryer : « *Forum et jus,* » marchaient en même temps que d'illustres amis comme Marie, Jules Favre, M. de Falloux, Mgr Dupanloup, les députations des barreaux de France conduites par Me de Sèze.

Au moment des suprêmes adieux adressés à Berryer, ceux-là même qui furent ses adversaires, sans réussir à être ses rivaux, avaient oublié les oppositions et les luttes pour ne se rappeler que la gloire et le grand cœur du défunt Les amis de la liberté mêlaient leurs larmes à celles d'un royal exilé, comme Berryer, pendant sa vie et à l'heure même de sa mort avait mêlé le double culte de la liberté et de la monarchie dans ses prières et dans ses vœux.

Quand la dalle de marbre fut retombée sur cette dépouille d'un grand homme et qu'on eût pu y lire la dernière espérance du chrétien : « *Expecto donec vennat immutatio mea* ; alors, messieurs, appliquant à la terre et au temps cette parole d'en haut et de l'éternité, chacun, dans cette imposante assemblée, fut plein de cette conviction que l'instabilité des jugements humains ne diminuera jamais l'auréole qui entoure le nom de celui dont on se séparait.

Il est des choses qui échappent, qui doivent échapper aux discussions humaines, devant lesquelles même le temps, mêmes les haines doivent s'arrêter impuissants. Si jamais l'historien frappé de la perpétuité, de la violence de nos discordes, des crimes, des folies qui se succèdent presque sans interruption depuis le commencement de l'ère nouvelle, veut condamner le temps où nous vivons, sa plume elle aussi s'arrêtera, et en écrivant le nom de Berryer, il proclamera qu'il y avait encore, au XIXe siècle, du patriotisme, de la religion, de la fidélité.

Messieurs, après avoir esquissé brièvement la longue vie de Berryer, n'est-ce pas un devoir de s'arrêter quelques instants encore devant cette noble et sereine figure ?

Vous tous qui êtes à la veille d'embrasser la même profession, vous pardonnez à l'inhabileté du plus humble de vos confrères et vous ne refusez pas d'entendre un dernier mot sur celui qui aima toujours et si ardemment l'ordre dont il fut l'honneur.

Au moment de quitter Paris pour aller mourir à Augerville, il disait à son vieil ami Mᵉ Marie en le serrant dans ses bras : « Ah! ce grand barreau qu'il reste toujours comme il l'a été : ferme dans sa foi, dans son amour pour le droit, car là est sa puissance, sa grandeur, sa force. »

Messieurs, c'est le testament de Berryer, c'est aussi l'espérance qu'il a emportée de ce monde, et j'affirme que parmi tous ceux qui m'écoutent ne se trouvera jamais un violateur de ce dernier précepte. Il l'observa scrupuleusement et sa popularité fut le prix autant de l'honneur professionnel que de l'éclat du talent. Les colléges qui l'envoyaient à la Chambre ne partageaient peut-être pas sa foi dynastique, mais ils étaient fiers d'être représentés par cet intrépide champion de la justice et de la loi. A sa seule personnalité s'adressaient les suffrages. Les princes d'Orléans, Louis Napoléon, en confiant leurs biens ou leur liberté en ses mains, faisaient l'éloge de sa haute probité politique en même temps qu'ils rendaient hommage à sa puissance oratoire. Le mot de Royer-Collard, après les débuts parlementaires de Berryer, est juste. Berryer fut, en effet, une grande puissance.

Tout s'accordait dans cet orateur pour lui assurer la domination de son auditoire. Le moment de parler était plein pour lui des frémissements qui précèdent la bataille. Une fois debout à son banc ou à la tribune, il semblait par sa magnifique assurance et le naturel parfait de son attitude défier ses contradicteurs de l'en faire descendre une minute avant celle qu'il s'était fixée. Au premier mot les orages se calmaient subitement et se donnant alors libre carrière, il déroulait les anneaux d'or de ses raisonnements et étalait la riche simplicité d'un langage éminemment oratoire. Si la contradiction se manifestait par des paroles ou des murmures, tout son être se transformait ; son admirable voix lançait des éclats, sa belle tête renversée en arrière à la manière de Mirabeau prenait un aspect olympien ; son geste devenait d'une impérieuse noblesse ; son regard plein des ardeurs de son âme révélait l'élévation de sa pensée et la fougue de son inspiration. Sous l'empire du démon intérieur qui l'agitait, dans le feu de l'action, ses pores transudaient du sang. Malheur à quiconque voulait arrêter le torrent dans sa marche, il était emporté par le courant et rejeté brisé sur les rochers de la rive. Berryer était ainsi dominateur, inspiré quand il voyait rabaisser par une politique pusillanime ou imprudente, le prestige du nom et du drapeau de la France. De l'honneur national, il avait fait son propre honneur.

Nul ne posséda comme lui ce charme profond, cet irrésistible empire sur ses auditeurs auxquels il ne laissait ni la force de protester, ni la présence d'esprit de répondre. Il s'emparait d'eux, leur enlevait leur volonté, leur âme. On s'indignait, on s'applaudissait, on s'effrayait, on se rassurait, on louait, on blâmait, on accusait, on condamnait, on innocentait avec lui, par lui, et cette communauté de sentiments et de sensations ne cessait qu'avec l'écho de la dernière parole. « Du moment qu'on l'écoute on lui devient ami, » disait un poète en parlant d'un autre poète. En écoutant Berryer, on devenait son esclave. Attaché à cet homme par un lien mystérieux, on se sentait emporté avec lui sur les ailes de flammes de son incomparable éloquence ; et quand il vous avait laissé retomber, on ne pouvait comprendre comment il avait triomphé de vos principes, de vos sentiments, de votre volonté.

A ceux-là seulement qui peuvent s'élever si haut, il est possible de voir bien loin.

Nous n'avons pas besoin de nous souvenir ; un regard jeté autour de nous sur ces immenses ruines qui nous environnent suffit à nous montrer la réalisation de cet axiome impie : La force prime le droit. Le défi jeté depuis à la civilisation n'était pas encore devenu la base du droit international, que déjà en 1836, Berryer, considérant l'état des pays d'Outre-Rhin, signalait à la vigilance du pouvoir l'union douanière de l'Allemagne, inventée et préconisée par la Prusse, comme le signe précurseur des orages et des calamités de l'avenir. Dieu a permis aux orages d'éclater, aux calamités de fondre sur nous, et pourtant Berryer ne se contentait pas de s'écrier : Malheur au temple! malheur à la ville! Il disait aussi : Faites cela et le temple et la ville seront sauvés!

Certainement, il y avait dans Berryer un homme d'Etat, mais ce n'est pas au génie seul qu'il faut rappporter cette double vue; laissez-moi croire que, comme toutes les grandes passions, celle de la patrie a de prophétiques visions de l'avenir.

Ecoutons, Messieurs, les accents de cette passion. Ils sont encore frémissants, inspirés. Ecoutons-les ; ils élèvent les cœurs, le souffle qui les anime donne la foi en la patrie, cette foi sublime qui fait les martyrs et aussi les vainqueurs. Ces accents sortaient de son âme, ils étaient son âme même, et l'œuvre entière de Berryer devrait porter pour épigraphe cette parole du sage : *Credidi propter quod locutus sum.*

Ne lui demandez donc ni les procédés ni le travail de la plupart des orateurs, ni l'élégance et le fini de certains autres. Sa préparation était toute dansle recueillement et la méditation, au moyen desquels il concentrait ses éminentes facultés sur l'objet de son discours. Ne confiant rien à la plume, il n'avait rien à demander à la mémoire. Le cœur renfermait tout, et tout en venait. Les parleurs vulgaires sont dominés par leur sujet, Berryer dominait le sien.

Les agitations, les discussions, les erreurs, les hésitations passent devant ses yeux sans qu'il essaie de calmer, de convaincre, de rectifier, d'encourager. Toutes ces choses ne sont que des conséquences, et ce n'est pas ce qu'il discute ou qui l'inquiète. Homme de principes, il vit dans la sphère des principes; c'est là qu'il est invincible et qu'il peut prêter à ses convictions le soutien de ses vastes connaissances en histoire et en droit. Son coup d'œil généralisateur embrasse tout, et, résolvant sans effort les problèmes les plus ardus, sa merveilleuse lucidité de pensée, la clarté de son langage rendent les solutions saisissables à tous.

Quand le plus éloquent de nos orateurs devenait homme d'affaires, il conservait sur ce nouveau terrain les mêmes qualités.

Dans les affaires civiles les plus compliquées, dans le budget le plus hérissé de chiffres, il se trouvait si bien à l'aise que le plus habile financier, le plus subtil des légistes n'eût pu lui relever une erreur. Il paraissait trouver et trouvait en effet si simples ces questions, où les spécialistes échouent quelquefois, qu'il les mettait à la portée des moins éclairés, et chacun disait après l'avoir entendu : « En effet, cela est bien simple. »

Il ne fallait rien moins que cette triple supériorité de l'orateur, de l'homme d'Etat et de l'homme d'affaires, pour imposer à un Parlement le respect de sa solitude. On avait appris au nombre et à la profondeur des blessures qu'il faisait, que si certains hommes valent toute une armée devant l'ennemi; d'autres valent tout un parti dans les conseils. S'il était redouté, il était plus encore peut-être estimé et aimé. Ces sentiments qui n'étaient pas la moindre de ses récompenses, il les devait à l'aménité de son caractère, à l'inépuisable bonté de son cœur, à la distinction délicate qu'il faisait des hommes d'avec leurs opinions. Il pouvait combattre à outrance les systèmes, s'en déclarer l'irréconciliable ennemi, il n'étendit jamais sa proscription à leurs auteurs.

Isolé dans la Chambre, il s'était enfermé dans sa foi politique comme dans une citadelle élevée d'où personne n'essaya jamais de le faire sortir. De là, il regardait tristement les expériences des divers régimes faites au détriment de la patrie, les différents maîtres s'élever, se soutenir un instant et tomber en emportant dans l'exil quelque chose de la grandeur et de l'honneur français.

Il ne s'était pas retiré sous sa tente pour se venger de ses avis méconnus autrefois; il reconnaissait les fautes de la Restauration et ne marchandait pas les louanges publiques aux belles actions de ses adversaires. A un ministre qui avait comme aujourd'hui quitté le pouvoir, il adressait ces paroles : « Je vous honore pour ce que vous avez fait et je vous louerai chaque fois que vous ferez quelque chose d'utile à mon pays, parce qu'après tout je suis né en France et je resterai Français. » Supérieur aux autres hommes par l'éloquence, il était supérieur de même à tous les partis par son grand cœur.

De Berryer, comme de Démosthène et de Cicéron, on se demande, Messieurs, ce qu'il faut le plus admirer du génie de l'orateur ou de l'enthousiasme, du désintéressement du patriote. Heureux ceux dont la mémoire impose à la postérité cette glorieuse hésitation.

A d'autres, Berryer laissa l'ambition des places et des honneurs, car rien que ce qui est vraiment grand n'est à la taille de ce géant de la tribune et du barreau.

Le flot qui passe emporte celui qui l'a précédé. Les régimes, les institutions et les lois font place à d'autres, de même que la Révolution dévorait ses enfants, le pouvoir use ceux qui l'exercent. Je sais qu'on peut en franchir les degrés en quittant la vie laborieuse et modeste du barreau, mais je ne sais pas si après être passé sous l'éblouissant portique de la puissance humaine, on est sûr de se reposer dans l'estime de ses concitoyens, je ne sais pas si on peut toujours sans trouble entendre parler du passé. Pour renoncer ainsi à la considération, à la confiance que nous ambitionnons au début de la carrière et dont nous voyons investis nos devanciers, ne croirait-on pas qu'il faut autre chose que l'orgueil de jouer avec les fragiles hochets du pouvoir? Ils sont bien fragiles, et pourtant que d'hommes et des plus forts qui ont usé leur vie à les soulever et sont tombés sous leur poids. Ce qui fait la grandeur de Berryer, c'est d'avoir pu les saisir et de n'y avoir point touché.

Ah! illustre confrère, qui vivez toujours parmi nous, vous dont la gloire nous est chère, car elle a rejailli pour la décorer sur la robe du plus humble des avocats, y eût-il au monde quelqu'un d'assez puissant pour donner à votre carrière le couronnement qu'elle a mérité ?

Votre génie, vos vertus publiques vous avaient environné d'un éclat auquel des mains même royales ne pouvaient ajouter un rayon de plus, car vous aussi, vous êtes roi. Cette royauté, vous la tenez du suffrage de tous, dans ce barreau français où vous nous enseignez, que vient se réfugier la liberté mourante pour y jeter son dernier cri. Vous avez vus, fiers de s'asseoir à vos côtés et de consacrer par leur présence la solennité d'un grand anniversaire, tous les bâtonniers des Cours de France, toutes les illustrations du talent et de l'honneur; vous les avez entendus acclamer avec transport le glorieux stagiaire de 1811. Ce jour-là, unique dans nos fastes, où les plus grands vous ont salué le premier, vous avez reçu le seul honneur digne du nom de Berryer.

La mort a pu arrêter le grand homme et clore pour jamais cette bouche éloquente; mais n'est-il pas toujours debout et victorieux dans nos rangs? N'est-il pas toujours le modèle et l'orgueil de ses confrères? N'est-ce pas lui que nous suivons en marchant dans le chemin du devoir?

C'est à nous, c'est aux membres de ce grand barreau toulousain, qu'il a légué son dernier exemple; c'est de ce barreau qu'il a reçu sa dernière ovation.

Il touchait à la fin, quand un procès célèbre par le nom qui le remplissait, amena le grand orateur dans nos murs. Les derniers accents de Berryer allaient retentir pour Lacordaire mort. Ainsi voit-on, dans les ruines des

— 25 —

temples antiques, de majestueux débris, déjà renversés par le temps, s'appuyer encore sur quelque portique qui tombera demain.

Vous vous rappelez cette cité en émoi, la jeunesse des écoles à sa tête, escortant la voiture de Berryer, aux cris de : Vive Berryer! Vive la Fidélité! Vous vous rappelez aussi le banquet dans lequel vos devanciers voulurent fêter l'hôte, et le confrère illustre qu'ils venaient d'admirer, et ce mot énergique du bâtonnier : « Vous avez préféré l'honneur aux honneurs. »

Un seul ne lui a pas été rendu. Nous ne sommes plus aux jours de Démosthène, où l'on votait des couronnes d'or aux grands citoyens, mais nous pouvons leur élever un digne mausolée. Sur celui de Berryer le génie de la France viendra graver cet impérissable éloge : *Au fils glorieux, qui a défendu ma grandeur et ma liberté!*

Toulouse. — Typographie J.-M. BAYLAC, rue du May, 1.

www.ingramcontent.com/pod-product-compliance
Lightning Source LLC
Chambersburg PA
CBHW060915050426
42453CB00010B/1742